CLARA BIGEL

Caderno de exercícios para se

Se recuperar de um rompimento amoroso

Consolar seu coração partido e recomeçar

Ilustrações de Aurélie de la Pontais
Tradução de Clarissa Ribeiro

EDITORA VOZES

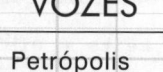

Petrópolis

CB053303

© Éditions Jouvence S.A., 2020
Chemin du Guillon 20
Case1233 — Bernex
http://www.editions-jouvence.com
info@editions-jouvence.com

Tradução do original em francês
intitulado *Petit cahier d'exercices:
Se relever d'une rupture sentimentale.*

Direitos de publicação em língua
portuguesa — Brasil:
2024, Editora Vozes Ltda.
Rua Frei Luís, 100
25689-900 Petrópolis, RJ
www.vozes.com.br
Brasil

ISBN 978-85-326-6769-4 (Brasil)
ISBN 978-2-88953-261-2 (Suíça)

Este livro foi composto e impresso
pela Editora Vozes Ltda.

Dados Internacionais de Catalogação na Publicação (CIP)
(Câmara Brasileira do Livro, SP, Brasil)

Bigel, Clara
    Caderno de exercícios para se recuperar de um rompimento amoroso :
consolar seu coração partido e recomeçar / Clara Bigel ; ilustrações de
Aurélie de la Pontais ; tradução de Clarissa Ribeiro. — Petrópolis, RJ :
Editora Vozes, 2024. — (Coleção Praticando o Bem-estar)
    Título original: Petit cahier d'exercices: se relever d'une rupture
sentimentale
    ISBN 978-85-326-6769-4
    1. Aconselhamento 2. Liberdade 3. Sabedoria 4. Relações amorosas
I. Pontais, Aurélie de la. II. Título. III. Série.

24-191156   CDD-152.41

Índices para catálogo sistemático:
    1. Relações amorosas : Psicoterapia : Psicologia 152.41

Eliane de Freitas Leite - Bibliotecária - CRB 8/8415

Introdução
Bem-vinda à vida de solteira

De um dia para o outro o mundo desmorona. Você esqueceu quem é, não sabe o que fazer, tornou-se anônima. Enrolada debaixo da coberta, de pé num canto ou sentada no tapete da sala, você está completamente anestesiada, congelada.

Agora você está oficialmente solteira. Um caminho até então percorrido a dois termina aqui. O amor pode ainda estar presente, mas a realidade da vida de casal não existe mais e o descompasso entre seus impulsos românticos e o estado de um lugar abandonado é dilacerante.

Se você comprou ou ganhou este livro, a mensagem é clara: acabou, acabou mesmo, e toda ajuda é necessária. Você está no início de uma viagem complicada. **Só o tempo pode dissipar a dor.**

Há três situações:

- ser abandonada como se fosse descartável;
- deixar o seu parceiro como se fosse descartável;
- sair por mútuo acordo (o que é raro, convenhamos).

Em todo o caso, nunca é uma fase agradável. É sinônimo de perda e de que é preciso reorganizar-se. Em função da situação, o grau de alívio será diferente. Se a separação partiu de você, o alívio será maior do que se tiver partido do seu ex-parceiro. Mas, aconteça o que acontecer, é preciso aceitá-la. Por enquanto, esse momento está longe... A espiral da separação está apenas começando. Na agenda: lágrimas, calorias extras, sonhos ruins e uma confusão total na sua mente e na sua casa.

Depois, pouco a pouco, como uma equilibrista, você reencontrará seu equilíbrio e seu gosto de viver sozinha... até a próxima relação.

Por que diferenciar as etapas?

Um minuto de psicologia

Uma ruptura amorosa pode, de certa forma, ser como um luto, porque estamos no campo da perda e do abandono. Isso afeta camadas profundas da nossa mente, daí o choque e a dor. O contexto guarda, no entanto, sua particularidade e não devemos generalizar. O que distingue a ruptura do luto é o impacto no nosso ego. Há um impacto pessoal porque temos uma parcela de responsabilidade no término.

Ser abandonada por mensagem de texto ou ouvir um "não te amo mais" não é nada agradável para a nossa autoestima. No entanto, podemos encontrar semelhanças nas fases: negação, raiva, barganha, depressão, aceitação, que são as cinco fases comumente descritas pelos especialistas do luto. Os autores não são unânimes quanto à forma como se desenvolvem no caso de separação. Eles definem por vezes etapas suplementares ou intermediárias. Não ficamos mais rapidamente deprimidos do que com raiva? Um pouco dos dois ao mesmo tempo? Existe de fato uma fase de negação?

Há muitas nuanças, não façamos aqui uma psicologia de boteguim. Vamos manter as coisas simples, não estamos aqui para nos preocuparmos com mais isso.

Estar consciente dessas fases pode, nos momentos mais difíceis, trazer a lembrança de que **existe luz no fim do túnel**, mesmo que por vezes pareça distante demais. Obviamente, o tempo necessário para "sarar" varia conforme a duração da relação, sua complexidade, nosso engajamento nela, os acontecimentos da vida... Não há uma fórmula mágica.

Como usar bem este livro?

Cada caminho de separação é único. Mesmo que haja semelhanças na forma como cada um se sente, não devemos generalizar. Um percurso é feito de idas e vindas, avanços e retrocessos. Não se apresse, não salte uma etapa, escute a si mesma e seja honesta com os seus sentimentos, avance no seu tempo. Pouco a pouco, você perceberá que está menos afetada pela separação, que já não pensa tanto nisso como antes, que os fantasmas que assombravam cada esquina já não existem... Você terá aprendido com os erros (e não, não foi tudo culpa da outra pessoa). A partir de então, saberá o que quer de uma relação. Você terá amadurecido.

Antes de mais nada, seu kit-separação

Antes de começar a ler o restante do livro, é necessário reunir o seu kit-separação, composto de:

- ✓ este caderno de exercícios;
- ✓ um caderno em branco para levar consigo e anotar as ideias que lhe vierem à cabeça nos transportes públicos ou na sala de espera do seu osteopata;
- ✓ uma caneta (de preferência permanente);
- ✓ um bom hidratante (porque a área dos olhos e o nariz podem ficar irritados com o uso de lenços de papel).

Essa pequena lista irá ajudá-la a se preparar para o que está por vir. Você pode também acrescentar outros elementos que considera importante ter no estoque para futuras crises (lenços, sorvetes, chocolate, batatas fritas etc.).

➤ IDENTIFICOU OUTROS OBJETOS PARA COMPLETAR O SEU KIT-SEPARAÇÃO?

- _____
- _____
- _____
- _____
- _____
- _____

Algumas etapas curtas para começar...

- Troque os lençóis da cama: não faz sentido se sufocar no travesseiro para sentir o cheiro dele e os resquícios de um amor que não existe mais.
- Lave a louça: o bacon da última massa à carbonara não deve ficar na frigideira; e não, seu ex não virá terminar o prato dele.
- Organize sua geladeira: doe os alimentos do seu ex-parceiro para pessoas necessitadas (inclusive o queijo favorito dele!).
- Operação banheiro: livre-se da escova de dentes, da toalha, do sabonete e do aparelho de barbear dele.
- Troque o papel de parede do seu computador, do seu telefone, do seu tablet...
- Remova todas as fotos de vocês dois que estiverem espalhadas por aí.
- Doe as coisas dele para uma instituição de caridade.
- Remova todos os recados carinhosos da geladeira, da porta da frente, de debaixo do travesseiro ou do espelho do banheiro.
- Já verificou os bolsos de sua calça jeans?
- Apague o número dele dos contatos do seu telefone e do seu cartão SIM.
- Apague as mensagens dele da sua secretária eletrônica.
- Pegue suas coisas de volta o mais rápido possível, acompanhada de sua melhor amiga ou amigo, e quando seu ex-parceiro não estiver por perto.
- Deixe de segui-lo em todas as redes sociais!

Cabe a você completar a lista!

A negação
Mas está tudo bem, não?

Uma ruptura geralmente começa devagar antes de acelerar bruscamente e depois continuar em um ritmo irregular, anárquico e doloroso. **Você ainda não está ciente da situação;** na verdade, tudo parece estar indo bem. Por enquanto, você tem a impressão de estar como num encantamento, mas isso é apenas porque seu cérebro ainda não absor-veu a notícia do rompimento. Seus neurônios estão em modo de espera e você não sabe se deve rir ou chorar. Você está em estado de choque, nada sério (a menos que daqui a seis meses ainda esteja no mesmo estado...). O som de um motor do lado de fora de sua janela? Provavelmente é o seu ex vindo se desculpar, com um buquê de rosas estonteantes nos braços. Barulhos no corredor, ele baterá na sua porta em cinco segundos. De acordo com você, é apenas uma pequena discussão, você já passou por coisas muito piores! Seu par-ceiro definitivamente voltará. Ou não.

Essa fase geralmente é curta. Ela está impregnada pelo choque da notícia. Aparentemente, nada muda, você não compartilha realmente seus sentimentos porque **está como numa névoa emocional.** As pessoas próximas a você estão um pouco desconfiadas, até mesmo preocupadas, mas tudo parece mais ou menos normal. No entanto, algo está faltando... Vamos ser indulgentes: vamos deixar um pouco de espaço para essa nega-ção que protege apesar de tudo, que permite que você não se afunde em uma espiral de abandono... Em todo caso, não imediatamente!

Avaliação de seu bem-estar

No início de cada capítulo você será convidada a avaliar seu estado de bem-estar. Isso permitirá, em primeiro lugar, colocar em palavras alguns dos sentimentos mais marcantes. Você também será capaz de monitorar as mudanças em seu estado físico, em seus pensamentos e sentimentos para se tornar gradativamente consciente de seus bloqueios, mas também de seu progresso.

Faça uma estimativa de seu nível de angústia neste exato momento, circulando o desenho que melhor corresponda:

Em seguida, nomeie as duas sensações físicas que estão mais presentes:

- _____
- _____

Em seguida, nomeie as duas emoções mais fortes:

- _____
- _____

Por fim, nomeie os dois pensamentos que estão mais profundamente enraizados em sua mente:

- _____
- _____

Últimas notícias: término

Diz-se que um em cada três casais se separa. Às vezes é porque os sentimentos se evaporam, às vezes porque as duas pessoas simplesmente não funcionam juntas, às vezes porque os planos de vida simplesmente não se concretizam, ou pode ser um problema de comunicação que não se resolveu... Você concorda que, em termos práticos, muitas vezes é uma mistura de todas essas coisas?

Se analisarmos os estudos baseados na mudança de status do Facebook (incluindo o de David McCandless em **The Visual Miscellaneum**), parece haver mais "rompimentos" (ou, de qualquer forma, transições de "em um relacionamento" para "solteiro") por volta do Natal, da primavera e do verão... E quanto a você? Quando você terminou sua relação?

De acordo com vários estudos, especialmente o de Craig Eric Morris, são as mulheres que terminam na maioria dos casos. Isso não significa que elas não se sentem mal com essa atitude, senão que os homens não assumem a responsabilidade. Esgotadas por uma história sofrida, as mulheres teriam mais coragem de acabá-la.

Dedique algum tempo para formular os elementos iniciais de seu rompimento:

A data: _____

O principal motivo do término: _____

Quem tomou a decisão: _____

Quanto tempo vocês estavam juntos antes do rompimento: _____

Amizade-transferência

Os primeiros dias são muito próximos da tortura, pois você ainda vive seu cotidiano de casal, exceto que agora está sozinha em seu bairro.

Você vai querer escrever ao seu ex para compartilhar todos os tipos de trivialidades, só que isso não é uma boa ideia. Sim, você encontrou um novo restaurante italiano que ele amaria, você assistiu a uma nova série de que ele gostaria, você não sabe quanto tempo leva para cozinhar um ovo cozido e somente seu ex-parceiro saberia lhe dar a resposta. Qualquer desculpa é boa para entrar em contato com ele. Para evitar isso, **uma solução simples é encontrar um "amigo de transferência".**

O amigo de transferência é infinitamente paciente, fácil de entrar em contato e não é suscetível, especialmente se você estiver com vontade de insultar algo ou alguém. O amigo de transferência não é um daqueles que apoiaram seu ex durante a separação. É alguém que quer o melhor para você e que sabe da necessidade de elaborar um término antes de se sentir melhor. Você pode escolher dois amigos, um pouco como a babá de emergência: quando um sai de férias, o outro assume o controle. Pode ser um membro de sua família, um amigo ou amiga; desde que você confie nessa pessoa e não se sinta julgada. Escrever o que está sentindo, mas para outra pessoa, permitirá que você expresse o que a fez pensar em seu ex, em vez de ficar remoendo isso. Colocar suas palavras na tela e dar o passo de enviar a mensagem contribuem para uma forma de alívio. "É como se fosse", mas para outro destinatário...

Os estágios iniciais de um rompimento são particularmente dolorosos porque parte de você continua a viver no ritmo do antigo relacionamento... Você chega em casa do trabalho e quer contar tudo sobre o seu dia, você se enfia debaixo dos lençóis e sonha em estar ao lado dele. Desvie tudo para seu "amigo de transferência".

É importante manter distância e não ceder à vontade de entrar em contato com seu ex, especialmente no início do rompimento.

Se não receber resposta de seu ex-parceiro, você se sentirá ainda mais infeliz e fará mil e uma hipóteses. Expresse todas essas decepções a alguém de confiança para não alimentar ilusoriamente sua dor.

Em que situações recentes você quis entrar em contato com seu ex?

1. _____

_____

2. _____

_____

3. _____

_____

4. _____

_____

5. _____

_____

Como você conseguiu não enviar uma mensagem? Como você se sentiu?

_____

_____

_____

_____

Quem serão seus "amigos de transferência"?

Nome	Detalhes de contato	Disponibilidade

As anotações

Quando estamos em um relacionamento, às vezes nos esquece-mos de nós mesmos. Pelo fato de sermos um "nós", o "eu" se evapora. E, no entanto, ter uma base pessoal bem-estabelecida é essencial para construir em conjunto. Depois da ruptura, você não sabe mais o que é capaz de fazer, se põe à procura de um olhar aprovador que não existe mais. Às vezes, acontece uma regressão por depender do outro em um relacionamento. E então você não tem mais uma muleta, fica tateando sem ousar cruzar o limiar de um novo espaço. É hora de reaprender a andar sozinho.

Um exercício simples pode ajudar no processo de reapren-dizado. Faça uma lista de todas as pequenas coisas que você faz sem o seu ex ou que planeja fazer. Com essas anotações, você perceberá que finalmente está conseguindo colorir sua vida diária com descobertas ou redescobertas: praticar um esporte, sair com os amigos, cozinhar, novos horizontes... Essas ocupações também permitem que você coloque um curativo em seu luto. Tenha o cuidado de não se tornar hiperativa para mascarar sua dor e de não se sobrecarregar com mil coisas por dia. Às vezes, você não terá nada para escrever, mas descobrirá, com o passar do tempo e graças a esta lista, **uma fonte de confiança para aqueles momentos em que duvida de si mesma.**

Liste as coisas grandes e pequenas que você fez recentemente sem seu ex, especificando se foi a primeira vez para você:

1. _____   6. _____
   _____   _____

2. _____   7. _____
   _____   _____

3. _____   8. _____
   _____   _____

4. _____   9. _____
   _____   _____

5. _____   10. _____
   _____   _____

O que planeja fazer nos próximos dias?

1. _____   6. _____
   _____   _____

2. _____   7. _____
   _____   _____

3. _____   8. _____
   _____   _____

4. _____   9. _____
   _____   _____

5. _____   10. _____
   _____   _____

Um cheiro familiar

Há alguns cheiros que nunca nos abandonam. O cheiro da pessoa amada se enquadra nessa categoria. O calor, a ternura, o abraço reconfortante... Sua memória olfativa dá a ele um lugar que domina o campo dos cheiros e o associa a momentos agradáveis. Tão agradáveis e tão gostosos que, ao sentir o cheiro em um local público ou no transporte público, você não sabe como reagir.

A memória olfativa é tão forte que não desaparece, e é exatamente por isso que eu aconselhei a trocar os lençóis imediatamente. O cheiro de férias juntos, de grama recém-cortada, um cheiro de casa, de sabão em pó... Não é preciso muito para fazer você se sentir mal. A memória olfativa está entrelaçada com emoções, com outras lembranças. Ela é incontrolável.

Lembranças positivas podem surgir de certos cheiros familiares, e nem tudo em sua história precisa ser jogado fora, porque há belas lembranças. Isso não significa que você deva voltar para seu antigo parceiro, sendo simplesmente um passo para a aceitação: seu relacionamento não foi totalmente uma farsa. Havia coisas boas... e outras ruins.

Agora é com você!

Liste os cheiros associados a lembranças	Descreva brevemente essas lembranças	A lembrança é boa ou ruim?	Como evitar esse cheiro por enquanto?

A raiva
Tudo isso para quê?

De repente, você se dará conta da situação. Isso provoca um estado tenso que se impõe sem aviso. Tudo se torna uma fonte de angústia e irritação: o cara encostado na barra vertical do metrô, o pedaço de papel no chão que está no seu caminho, o pombo que está olhando para você do parapeito da janela.

Você projeta toda essa frustração nos outros em vez de dirigi-la para si mesma; mas, no fundo, é de si mesma que sente raiva: você acha que deveria ter terminado antes ou ter feito as coisas de forma diferente, feito melhor, sido melhor... Talvez seja por causa de sua lasanha ruim da outra noite ou porque você comprou o modelo errado de escova de dentes. Acima de tudo, **não adianta tentar mudar sua personalidade na crença de que ele voltará.** Você se apega a coisas triviais e insignificantes para justificar o rompimento e elas são irritantes. Às vezes, você volta sua raiva contra seus amigos ou familiares: eles poderiam ter lhe avisado, percebido que as coisas não estavam indo bem, ajudado você a ficar com seu ex-parceiro. Mas, no fundo, você sabe,: eles não poderiam e não deveriam ter interferido em sua intimidade ou salvar sua união. Naturalmente, você projeta um ódio desproporcional em seu ex e quer vê-lo sofrer. Cuidado para não cair em um desejo de vingança, pois você pode se prejudicar muito. Tenha cuidado, também, para não rejeitar seus amigos e familiares, pois *precisará do apoio deles. Eles podem ser muito compreensivos e devem ser sempre respeitados, mesmo que você se sinta mal a ponto de amaldiçoar o mundo inteiro.*

Um minuto de psicologia

Um casal é formado por três pessoas: você, seu parceiro e a união dos dois. Esse casal tem seu funcionamento interno, mas também está sujeito aos altos e baixos da vida cotidiana, com suas alegrias e tristezas. Em resumo, não há um motivo único para o rompimento, mas sim a interação de toda uma série de elementos que levaram ao fim. Não é sua culpa, não é culpa dele: é a união dos dois, sua interação, sua fusão. Não faz sentido torturar sua mente, remoendo a situação, ou procurar a pessoa culpada para puni-la. Tudo não é apenas escuridão, nem apenas luz.

"Sim, mas foi ele que me traiu, a culpa é dele"

↓

Nesse caso, você não deveria se sentir aliviada?

"Sim, mas fui eu que traí, a culpa é minha"

↓

O que você estava procurando com outra pessoa?

Um minuto de lucidez

Você não está sendo realmente objetiva, mas, por meio da persuasão, perceberá que ele não era o homem dos seus sonhos, ou mesmo que você lhe atribuía qualidades que ele não tinha apenas para que correspondesse às suas expectativas ou à imagem que você tinha de sua outra metade.

Expulse toda essa frustração, mas reflita em períodos mais calmos sobre a origem desses pensamentos. **Aceite que você não tem o controle de tudo** (eu sei que é difícil), mas que pode administrar alguma coisa.

O que você realmente quer?

_____

_____

_____

Avaliação de seu bem-estar

Faça uma estimativa de seu nível de estresse neste exato momento, circulando o desenho que melhor corresponda:

Em seguida, nomeie as duas sensações físicas que estão mais presentes:

- _____

- _____

Em seguida, diga quais são as duas emoções mais fortes:

- _____

- _____

Por fim, nomeie os dois pensamentos mais presentes em sua mente:

- _____

- _____

Identificar o que você quer/pode controlar

Isso envolve definir todas as coisas que você quer controlar em sua vida diária: xingar menos, chorar menos, respirar melhor, mudar sua personalidade, gritar com seu ex etc. Em seguida, determine se essas ações são realistas, ou seja, se você pode realmente colocá-las em prática, com consequências positivas; ou se são ações irreais, ou seja, complicadas de realizar e que têm um impacto negativo. Por exemplo, aprender a respirar é possível, mas gritar com seu ex não levará a nada.

Eu quero controlar	Realista	Não realista

Concentre-se em metas realistas e pouco a pouco recupere o controle de suas emoções.

Para se tornar leve como uma borboleta

Você está esperando um ônibus que já está atrasado. Você está no meio de uma reunião e seus colegas levam à exasperação. Você sente sua raiva aumentar. Em situações como essas, pense em "borboleta": à primeira vista, é só uma bela palavra mágica, mas na verdade ela trará alívio, contendo em si um exercício real inspirado no shiatsu.

➡ **CIRCULE SEU NÍVEL DE ANGÚSTIA ANTES DO EXERCÍCIO (1 = MUITO FRACO A 10 = INTENSO):**

1   2   3   4   5   6   7   8   9   10

Exercício

Coloque as palmas das mãos voltadas uma para a outra. Cruze os pulsos e os polegares para formar uma borboleta. Coloque as palmas das mãos sobre o peito, com o coração da borboleta em seu esterno. As pontas de seus dedos indicador e do dedo médio devem estar um pouco abaixo de suas clavículas. Quando estiver na posição correta, alterne a pressão com a mão esquerda e depois com a mão direita, usando a mesma pressão que faz na pele quando está queimada de sol, para ver a diferença de cor. Ao fazer isso, imite as asas de uma borboleta balançando suavemente para frente e para trás; você estará agindo sobre pontos de pressão naturais ligados à calma. Repita os movimentos até se sentir um pouco mais serena, o que pode levar vários minutos. Essa borboleta fará com que você se sinta zen, ou pelo menos ajudará a aliviar sua raiva. O exercício não mudará completamente sua vida diária, mas é um estepe muito útil durante esse período!

➥ **CIRCULE SEU NÍVEL DE ANGÚSTIA APÓS O EXERCÍCIO (1 = MUITO FRACO A 10 = INTENSO):**

1   2   3   4   5   6   7   8   9   10

Se a diferença não for muito clara, não hesite em prolongar um pouco o exercício.

Uma lista de queixas

Colocar as palavras por escrito geralmente é terapêutico. Ao listar as coisas que você tem contra seu ex-parceiro, você dissipará suavemente essa grande nuvem de tempestade que paira sobre sua cabeça. Ele não ouvia você? Não compartilhava tudo? Esqueceu datas importantes? Evitava sua família? Qualquer outra coisa?

Faça uma lista das cinco principais queixas que rondam sua cabeça, classificando-as da mais intensa (1) para a menos intensa (5):

1. _____

2. _____

3. _____

4. _____

5. _____

Para cada queixa, que sentimento lhe vem à mente? Incompreensão, decepção, pesar, frustração, impotência, insegurança... ou outra coisa?

1. _____
   _____

2. _____
   _____

3. _____
   _____

4. _____
   _____

5. _____
   _____

Para cada queixa, o que você gostaria de ter dito ao seu ex?

1. _____
   _____

2. _____
   _____

3. _____
   _____

4. _____
   _____

5. _____
   _____

Por que não compartilhar seus resultados com seu amigo-transferência? Proponho que vá direto para o próximo exercício ou que refaça o exercício da borboleta.

Aprendendo a liberar a pressão

1   2   3   4   5   6   7   8   9   10

Exercício

Deite-se confortavelmente no chão ou em um tapete esportivo, relaxe e observe sua respiração. Coloque as mãos em seu abdome e sinta-o se expandir ao inspirar e se contrair ao expirar. Faça algumas respirações antes de voltar ao ritmo normal.

Coloque as mãos nas costelas (sob o peito) e sinta os pulmões se expandirem ao inspirar e se esvaziarem ao expirar. Observe o movimento de suas mãos por algumas respirações e, em seguida, retome a respiração normal.

Agora coloque as mãos acima do peito, sob as clavículas. Sinta o esterno subir ao inspirar e descer ao expirar. Sinta seu corpo se mover por algumas respirações, depois volte à respiração normal.

Leve as pernas até a barriga, com as mãos segurando os joelhos. Sinta o movimento da bacia e das pernas contra o abdome a cada inspiração e expiração.

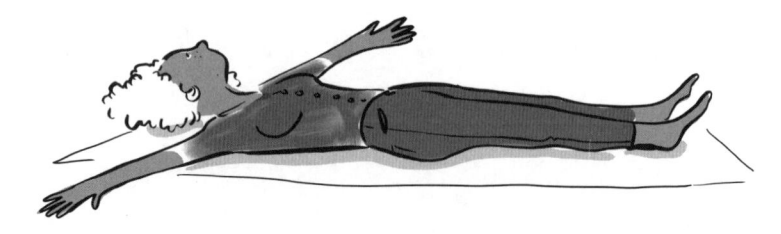

Em seguida, coloque as pernas de volta ao chão e respire normalmente. Agora respire com ajuda dos braços. A cada inspiração os braços deslizam pelo chão para formar uma cruz com o corpo, depois retornam junto ao corpo na expiração. Respire suavemente e sinta os movimentos de seu corpo.

Ponha os braços junto ao corpo e retome a respiração natural. Permaneça assim por alguns instantes e, quando se sentir pronta, sente-se suavemente.

➜ CIRCULE SEU NÍVEL DE RAIVA APÓS O EXERCÍCIO (1 = MUITO FRACO A 10 = INTENSO):

1   2   3   4   5   6   7   8   9   10

Não hesite em transcrever suas pontuações novamente quando repetir esse exercício.

GGRRRRR!!!!!@

RRRRAAAA!!!!!!

A barganha
Claro que sim, meu ex vai voltar...

E se os motivos da separação não fossem legítimos? E se pudéssemos começar tudo de novo? Esquecer tudo? Recomeçar? Varrer toda a poeira para debaixo do tapete?

Você tem todos esses pensamentos em sua cabeça, todas essas crenças afirmando que sua história ainda existe, que é apenas uma discussão, um momento passageiro, que o amor é mais forte do que tudo... A situação é penosa. E a ideia de que "se duas pessoas estão destinadas a ficar juntas, elas se encontrarão" é apenas uma desculpa boba para amenizar a situação e aliviar os soluços. Uma nova energia aparece, você acha que se ler o livro de que seu ex lhe falou há três anos, você encontrará um sinal do amor dele e tudo começará novamente. Você pensa em todos esses sinais ocultos (tão ocultos que você os inventa) para reacender a chama.

Um minuto de psicologia

A fase de barganha é complicada porque a pessoa oscila entre o arrependimento e a culpa, repetindo cenas inteiras em sua cabeça, às vezes chegando a ponto de ter pensamentos mágicos para reparar o dano. Alguns podem até invocar o acaso e os espíritos para voltar à situação inicial de felicidade idealizada. E, às vezes, você pode até ter ideias irreais em mente ou formular planos mirabolantes. Isso é normal, pois você está lutando contra a saudade.

Na agenda: manter-se ocupada! Por trás de seu ar indiferente, nossa falsa amiga, a negação, pode estar provocando algumas tentações. Não! Proíba-se formalmente de enviar e-mails, mensagens de texto... Você tem que lutar contra a vontade de ver seu ex depois de um ou dois drinques. O abuso de álcool é perigoso para sua saúde... e para sua autoestima. Ceder à tentação seria jogar fora semanas de esforço e luta, litros de lágrimas, sob o pretexto de que você precisa viver o momento. Ninguém é perfeito... E quando você não se sente tentada a ver seu ex novamente, você tenta gostar do resto do mundo. É claro que todos lhe dizem "um perdido, dez achados"... Ah! É bom conhecer tantas pessoas e vislumbrar novos horizontes...

Mas o que você realmente está procurando? Você quer machucá-lo? Quer fazer pior do que ele fez? (É aqui que você fica com raiva, volte ao capítulo anterior!) Você está tentando comparar **33** suas novas conquistas com seu antigo amor? Quer encontrar seu sósia ou, ao contrário, o completo oposto?

Vamos dar um passo atrás: você ainda está muito longe de terminar este livro! Você está tentando preencher o vazio, a saudade, e também se consolar. **Buscar um pouco de conforto é legítimo, mas não se esqueça de ouvir a si mesma, de matizar seus desejos** porque, no fundo, sob dez toneladas de lenços de papel, você ainda quer voltar para seu antigo parceiro e para a época em que tudo estava bem... Se não estiver pronta ou preparada, dará de cara com a parede. Mas reconheça que há algo de bom nesse novo ímpeto...

Acorde, não é hora de vacilar!

Avaliação de seu bem-estar

Faça uma estimativa do seu nível de angústia neste exato momento, circulando o desenho que melhor corresponda:

Em seguida, diga quais são as duas sensações físicas que você mais sente:

- _____

- _____

Em seguida, nomeie as duas emoções mais fortes:

- _____

- _____

Por fim, nomeie os dois pensamentos que estão mais profundamente enraizados em sua mente:

- _____

- _____

Como resistir às tentações?

Ao longo do percurso haverá um momento em que você morrerá de vontade de ligar ou enviar uma mensagem de texto para seu ex, só para ver como ele está, convidá-lo para tomar um drinque, como quem não quer nada... Você procurará a desculpa perfeita para voltar a entrar em contato. Isso indica que a técnica da amizade-transferência não funcionou de fato.

Você realmente quer voltar à estaca zero e esquecer todos os esforços que fez até agora para não se afogar? É normal perder a força, **mas saiba que não deve esperar mais nada de seu antigo relacionamento.**

A vida está cheia de recursos para se livrar de ideias ruins. Um deles é a técnica da cozinheira.

O que é essa técnica? A melhor maneira de resistir à tentação é manter sua cabeça muito ocupada... como quando você está preparando um prato muito complicado. Você pode realmente botar a mão na massa! A vantagem é que não poderá usar seu telefone enquanto suas mãos estiverem ocupadas.

Você também pode aplicar a técnica da cozinheira em outras atividades: museu, cinema, peças de teatro etc. Sua irmã, sua mãe, seu tio, seu melhor ami-

go podem ir com você, mas certamente não seu ex! Você prefere praticar algum esporte? Perfeito, seu celular ficará bem quentinho no armário!

Cabe a você descobrir seus dotes culinários!

Quais atividades despertam meu interesse?	Com quem eu posso fazer isso?	Quanto tempo essa atividade dura?	Eficácia da técnica (1 = muito eficaz a 5 = nem um pouco eficaz)
• _____	_____	_____	1 2 3 4 5
• _____	_____	_____	1 2 3 4 5
• _____	_____	_____	1 2 3 4 5
• _____	_____	_____	1 2 3 4 5
• _____	_____	_____	1 2 3 4 5
• _____	_____	_____	1 2 3 4 5

A cerimônia de entrega das chaves

Geralmente deixada de lado nos estágios iniciais de um término, esquecida no fundo de uma gaveta, mas cuidadosamente removida de seu lugar original, a chave chega exatamente no momento da barganha. "Nós seremos obrigados a nos encontrar novamente para devolver nossas respectivas chaves".

Talvez seu ex-parceiro lhe diga para ficar com ela, talvez ele se esqueça de lhe devolver a sua: não devolver a chave significa deixar uma porta aberta.

Um minuto de psicologia

A chave se torna um símbolo de todo o relacionamento, de tudo o que vocês compartilham. Portanto, devolver a chave é como encerrar um relacionamento de uma vez por todas. A história se encerra com um corte seco. Você deverá parar de projetar suas esperanças em objetos do cotidiano que evoquem a lembrança dele. Para poder seguir em frente, você precisa esclarecer a situação ao máximo possível e fechar essa porta.

Portanto, a saída está realmente no final da fechadura, a extensão metálica de seu amor deve deixar seu inquilino. Isso parte seu coração, porque uma parte de você está esperando por uma reviravolta final, mas isso não acontecerá.

Você cuidou de sua aparência e quer fazer com que ele se arrependa do término, deixando-o com um gosto amargo. Então, durante um café, em um lugar neutro, um lugar onde nenhum de vocês jamais esteve e nunca mais voltarão, você fará a cerimônia de entrega das chaves, sem tapete vermelho. Não se toquem, não se cumprimentem com dois beijinhos. Você não sabe que reação o toque de sua pele contra a dele provocará (bem, sim, você pode imaginar, e é exatamente isso que você quer evitar!). **Não faz sentido tentar adiar ao máximo possível, simplesmente vá em frente**. Respire e estenda sua mão. Está feito.

Depois de entregar a chave, a história está selada para sempre. Você pode abrir seu pacote de lenços de papel (mas evite chorar na frente de seu ex...).

→ ESCREVA COMO FOI SUA CERIMÔNIA:

Rompimentos na era do assédio digital

É uma má ideia continuar "amigo" de seu ex? Como é possível evitar enlouquecer se, literalmente, examina a mais corriqueira publicação? Já nos perguntamos o suficiente sobre se estamos certas em querer contato com seu ex na "vida real", então por que manter os laços virtuais?

Esse acesso à vida particular de seu ex-parceiro é uma fonte infinita de angústia: fotos, vídeos, humor, vida social. Você pode sentir seu sangue gelar de horror quando vê o harém imaginário dele, curtindo qualquer post, você leva um susto quando seu ex publica uma foto sorridente (como ele pode ser feliz!?).

Manter esse vínculo totalmente virtual não apenas aumentará suas esperanças em vão, mas também levará a um estado de tristeza lamentável. **É essencial manter-se fora desse fermento fictício.** Não mergulhe de cabeça na nostalgia digital: suas fotos antigas, os eventos compartilhados, os amigos que vocês tinham em comum etc. O engano está no fato de que isso é unilateral. A pessoa que procura a informação ficará machucada sem que a outra tenha tido essa intenção. A objetividade fica totalmente prejudicada porque, depois de um rompimento, seus sentimentos ficam tão exacerbados e anárquicos que qualquer informação vira uma bola de neve!

39

Se você não consegue excluir a conta dele dos seus "contatos", por que não bloqueá-lo, pelo menos até que esse período passe? Dessa forma você não verá as publicações dele aparecerem todos os dias e poderá simplesmente escapar do vício doentio do "mural" do seu ex (uma visita diária é a garantia de um tapa na cara!).

Você realmente quer passar horas seguindo um fluxo de informações que só vai levá-la ao limite? Atualizar sua página na internet a cada minuto enquanto se anula completamente? Um pouco de masoquismo é aceitável, mas o limite é rapidamente atingido. Para fazer jus ao seu antigo relacionamento e ter um comportamento maduro, seria mais sensato cortar todos os laços na internet. Isso também permitiria evitar muitos dramas e ataques de ciúme.

➤ PRECISA DE MAIS ARGUMENTOS?

Estabelecer alguma distância virtual entre você e seu parceiro evitará que o processo de rompimento se arraste mais do que deveria. Entretanto, não imagine que sua mágoa desaparecerá instantaneamente quando você excluir a conta da pessoa. Talvez um dia surja uma forma de amizade entre você e seu ex, mas ela só poderá se estabelecer na base de sentimentos sinceros e não de um desejo subjacente de vingança ou qualquer outra forma de animosidade alimentada nas redes. Mais uma razão para não mantê-lo em seu feed.

Então nos conectamos conosco para melhor nos desconectarmos do ex, de uma vez por todas (e em todas as redes!).

Liste todas as redes sociais em que está conectada e complete o quadro para se lembrar se o excluiu (muito bem!) ou o bloqueou (é um bom começo). Talvez, em alguns dias, você decidirá bloquear para sempre seu ex.

Rede social	Bloqueado	Excluído	Data

Quando o rompimento se transforma em um detox

Seu estômago dói, seus membros doem e você sente como se suas pernas não pudessem se mover. Seu corpo está falando. **Você está morrendo de vontade de entrar em contato com seu ex**, mas se deu conta de que o rompimento era inevitável, talvez tenha percebido que essa história não pode continuar, mas parte de você prefere pensar que, mesmo que seu 41 relacionamento fosse tóxico, você poderia se adaptar. De certa forma, você se sentia mais confortável em uma história que não funcionava do que agora, sozinha, enfrentando o peso do sofrimento. Você está triste, angustiada, não está dormindo bem, não está comendo direito: isso é normal.

Você acha que nunca será capaz de superar esse sofrimento; mas, com o tempo, melhorará.

Não é fácil se livrar de seu antigo parceiro, dos hábitos de casal, dos lugares que frequentavam, dos grupos de amigos. Mas é essencial resistir, especialmente durante os estágios iniciais, porque aos poucos a desintoxicação ocorrerá e você sentirá menos dor tanto física quanto psicológica. Não se esqueça de que seu antigo relacionamento é a raiz de sua dor, e que não pode ser a cura de seus males.

Ponha a caneta no papel — escreva uma carta para você.

Expresse seu desejo de superar o rompimento, liste os motivos pelos quais você está solteira e seus desejos para o futuro. Inclua uma definição de si mesma, como você se vê sozinha, suas qualidades e defeitos. Não tenha vergonha de escrever tudo. Não hesite em escrever também algumas palavras de incentivo. Você já chegou até aqui, já passou por momentos difíceis, mas está seguindo em frente. Fale sobre suas emoções negativas e positivas. Para concluir este caderno de exercícios, estabeleça alguns princípios que podem orientar sua vida e o que eles trariam para você.

Quando estiver passando por momentos particularmente difíceis, volte à sua carta e lembre-se de que pode resistir, que o tempo aliviará a dor e que você tem em si mesma a força para superar esse desafio.

A depressão
Sob a pilha de lenços, uma saída

Você está no fundo do poço, com os olhos vermelhos, o nariz descascando de tanto assoar o nariz. Não tem vontade de sair, não tem forças para tomar banho, não tem coragem de cozinhar. O desespero e a angústia estão na ordem do dia, por vários dias...

A vida passa em câmera lenta, a dor atravessa o dia. É impossível se concentrar, tudo lembra seu ex. É incrível a quantidade de casais na rua! Deveria ser proibido ser feliz em público! É durante esse período que as lembranças estarão mais presentes, perturbadoras e sufocantes. A nostalgia traz à tona todos os doces resíduos desse relacionamento, como uma maré alta.

As lembranças voltam à tona, inclusive as amargas, mas com a nostalgia elas se tornam quase doces.

E há aquelas explosões de energia em que seu único desejo é recuperar seu ex-parceiro de qualquer forma, porque ele só pode ser feliz com você e por causa de você. Nenhuma outra mulher pode lhe dar tudo o que você tem a oferecer... Evite ficar nesse sofrimento sem fim em que você liga para ele sem parar, tem acessos terríveis de ciúme ou o espia na rua: **vocês não estão mais juntos, não devem nada um ao outro, exceto o respeito pela distância.**

Ao mesmo tempo, haverá momentos em que você desejará ficar sozinha com suas séries e sua corrida. Você se trancará em casa quando escurecer e durante todo o fim de semana, porque acha o mundo horrível demais, cruel demais. Evite colocar sal na ferida: navegar pelos álbuns de fotos não é a melhor ideia... Pode acontecer uma ou duas vezes para descobrir por que você está chorando, em vez de ficar remoendo uma dor sem apoio. **Mas, se estiver se sentindo visceralmente nostálgica, tome cuidado para não embelezar o relacionamento.** Você estava com muita raiva do seu ex há pouco tempo, não é mesmo? O desconhecido e o vazio assustam, e você chega à conclusão de que, no final das contas, as coisas eram boas antes. Só que voltar a namorar agora seria inevitavelmente um fracasso.

Você tem todo o direito de se deixar levar, de pensar em tudo e em todos, de imaginar o pior para o seu futuro, acreditando que a vida acabou com esse término. **É bom se concentrar em si mesma, ter essa fase muito egocêntrica (desde que não se prolongue indefinidamente), porque, de certa forma, você está recuperando seus desejos e suas necessidades.** Você pode se recusar a ver seus amigos algumas vezes, mas, para escalar as paredes do poço, você terá que se forçar um pouco. Ousar dizer "não" é saudável e às vezes um aprendizado, especialmente quando você fez todos os tipos de concessões em seu relacionamento anterior. Dessa forma, seus limites se restabelecem pouco a pouco.

Um minuto de psicologia

É essencial aceitar sua dor e não banalizá-la. A "dor no coração" às vezes é vista como um capricho, de tão comum que é. No entanto, a dor interna é forte e você precisa colocar a aflição em palavras para reconhecê-la e superá-la. Dizer "sim, estou triste", também significa aceitar seu lugar, um lugar que pode ter sido negligenciado no antigo casal.

Paradoxalmente, não pense que a vida se tornou um mar de rosas para seu ex-parceiro após o rompimento.

No momento, o mais importante é você, e isso significa seguir em frente. Deixe seu ex ir embora, não gaste sua energia tentando reconquistá-lo. Em vez disso, tome consciência de sua liberdade recém-descoberta. Dormir muito mais do que o normal de repente parece uma ideia brilhante para negar sua dor (a menos que os sonhos escolham os protagonistas errados). Dessa forma, você espera acelerar o tempo e vislumbrar uma saída mais rápida. Você dorme o dia todo e à noite fica "em coma", indo se deitar assim que volta do trabalho... Como no início de um bom resfriado de inverno, você se sente **45** sonolenta, fisicamente cansada. O corpo e a alma querem um descanso. Vamos dar a eles seu lugar, mas não nos esqueçamos de que, em pouco tempo, teremos de nos sentar e encarar a dor para aceitá-la, enfrentá-la e superá-la.

Avaliação de seu bem-estar

Neste exato momento, circule o desenho que melhor descreve você:

Em seguida, diga quais são as duas sensações físicas que você mais sente:

- _____
- _____

Em seguida, diga quais são as duas emoções mais fortes:

- _____
- _____

Por fim, nomeie os dois pensamentos que estão mais profundamente enraizados em sua mente:

- _____
- _____

Grandes tristezas

Haverá momentos em que as coisas realmente não irão bem. Você tentará relativizar, mas não conseguirá. Você ficará totalmente deprimida, achando que é impossível se recuperar. **Não se preocupe, isso é apenas temporário**.

Você acha que tudo lhe escapa, perde o controle de suas emoções. Nesses casos, precisa acolher esse sofrimento porque tem alguma mágoa para expulsar. Terminar um relacionamento significa colocar um ponto-final em uma história, em uma construção. Romper significa destruir um relacionamento e seus planos. Também significa aceitar sua parcela de responsabilidade, suas próprias falhas e, portanto, a imagem potencialmente negativa que o término suscita. Sim, isso realmente dói, em seu corpo e em sua mente.

Para ajudá-la a se reequilibrar e a ouvir suas necessidades é importante cuidar de si mesma. Com gestos pequenos e simples você pode aliviar suas feridas. Indo ao cabeleireiro, talvez presentear-se com um tratamento relaxante ou uma sessão de ioga. Você cuida de seu corpo ao cuidar da aparência, além de ter o prazer desses momentos de aconchego só para você. Você não precisa de mais ninguém para se sentir bem consigo mesma, mas isso tem que vir de dentro de você.

47

Agora, identifique as coisas que lhe fazem bem: percorrer as prateleiras de uma livraria, comprar um bolo de chocolate, passar tempo com os amigos, ir ao cabeleireiro, praticar um esporte etc.

Para ajudá-la, faça este exercício.

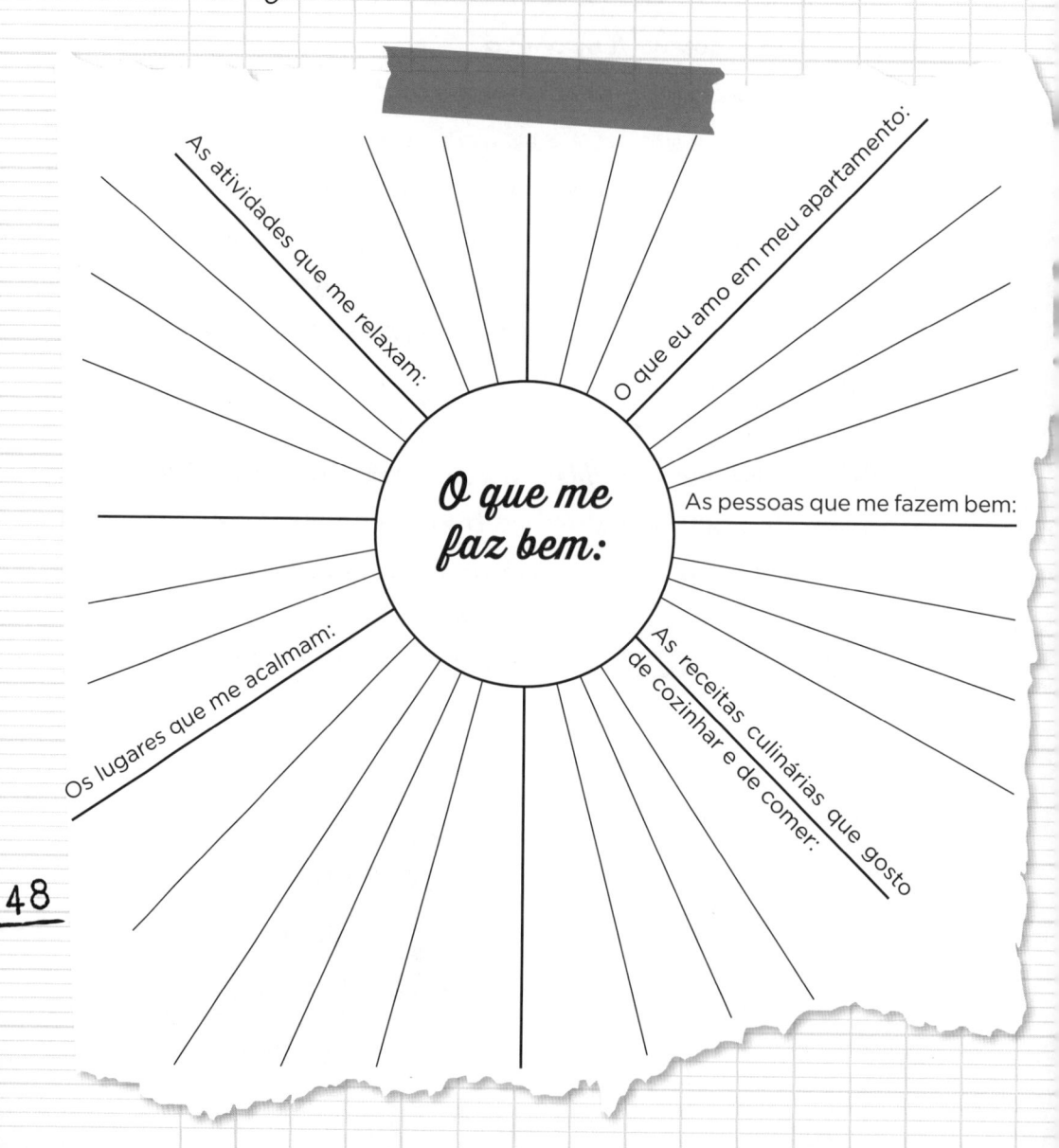

Os conselhos ruins!

Em momentos de desorientação, acontece de fazermos escolhas erradas. Aqui está uma pequena lista para poupá-la de mais dor.

↗ **Comer qualquer coisa de qualquer maneira.** É normal regredir ganhando alguns quilos, consolando-se com alimentos gordurosos e/ou açucarados. Mas tente manter sua dieta variada para não perder vitaminas e minerais (vitaminas B e C e magnésio) que são fisiologicamente eficazes contra os sintomas depressivos.

↗ **Passar seus dias na cama.** É verdade que isso é bom para você e que a tristeza é muito cansativa, mas manter um pouco de atividade física também ajudará a liberar endorfinas, hormônio do bem-estar, para melhorar seu humor.

↗ **Repintar sua cozinha.** O conselho pode partir de uma boa intenção, mas você vai se deparar com um projeto muito maior do que o imaginado. Mudar a cor das paredes não implica apenas passar uma boa camada de tinta nelas, mas também lavá-las, lixá-las, raspá-las, aplicar a espátula, revesti-las... Você realmente tem energia para tudo isso?

↗ **Não sair do sofá.** Isso pode acontecer quando seus neurônios começam a ruminar sem que você possa liberar seus pensamentos livremente. As lembranças voltam à tona e você repete cenas em sua cabeça, se perde totalmente nelas e, acima de tudo, para de se mover. Às vezes é muito difícil não se afundar completamente. Quando isso acontecer, dê uma volta no quarteirão ou vá comprar pão na padaria. Quebre a espiral assim que você sentir que ela está lhe sugando muito rapidamente.

↗ **Ir às compras.** Você acha que usar cores chamativas ajudará a sorrir novamente ou, ao contrário, que comprar roupas largas fará você desaparecer nelas? Em ambos os casos, você não está sendo justa consigo mesma, pois não está se valorizando. Se seus gastos se tornarem quase compulsivos, tenha cuidado e espere um pouco antes de encher seu armário.

Não hesite em acrescentar algo a essa lista quando estiver enfrentando dificuldades para evitar cometer os mesmos erros novamente.

Alerta: tsunami de lágrimas

Você chora, um pouco, muito, demais. Seu nariz está descascando, seus olhos estão ardendo. Não consegue parar. Aqui está um pequeno exercício de respiração que ajudará a encontrar a calma, mas também a evitar o derramamento de lágrimas quando as sentir brotar.

Exercício

Deite-se ou sente-se sem cruzar as pernas. Comece fechando os olhos e visualize um oceano à sua frente. Veja as ondas se aproximarem e se afastarem de forma suave e calma. Em seguida, ajuste sua respiração ao ritmo das ondas. Sem ficar tensa, concentre-se nos movimentos de sua caixa torácica. O ar deve entrar e encher a barriga, os pulmões e circular até as clavículas; depois, sair e esvaziar a partir das clavículas, dos pulmões, terminando na barriga. Prolongue suas inspirações e suas expirações por quatro a seis segundos, de modo que se sinta confortável. Pratique isso por cinco minutos.

Esse exercício simples ajuda a regular a frequência cardíaca que se acelerou quando você começou a pensar no término.

Ao controlar esse estresse, você poderá ficar mais tranquila sem esvaziar sua caixa de lenços de papel. Você também pode praticar esse exercício de respiração, discretamente, no transporte público ou no escritório, sem necessariamente fechar os olhos.

➡ **CIRCULE SEU NÍVEL DE TRISTEZA APÓS ESSE EXERCÍCIO (1 = MUITO FRACO A 10 = INTENSO):**

1   2   3   4   5   6   7   8   9   10

Você pode levá-lo um passo adiante, imaginando um lugar onde sempre se sente confortável. Pode ser na natureza, em um cômodo de sua casa, no café da esquina ou em qualquer outro. Visualize esse lugar e pratique o exercício de respiração.

Aceitar a solidão

Uma parte importante de sua jornada é aceitar a solidão. É verdade que ficar sozinho é visto de forma negativa em nossa sociedade, por isso nos ocupamos com um cigarro na mão ou mexendo em nosso smartphone. É estranho ir ao cinema ou a um bar sozinha.

Um minuto de psicologia

A capacidade de ficar sozinho é importante para o bem-estar pessoal. Ela é desenvolvida desde a primeira infância e vem do sentimento de segurança e do amor que nossos pais nos deram (simplificando, é claro). Se tivermos construído uma base de apego saudável e sólida, poderemos explorar o mundo e prosperar à medida que crescemos. A dinâmica do casal traz de volta esse apego: Confio em meu parceiro? Sou dependente do outro? Eu me sinto livre em meu relacionamento? Que lugar meus próprios desejos e necessidades ocupam em comparação com os do meu parceiro? Sou o tipo de pessoa que se realiza por conta própria ou me esqueço de mim mesma pela outra pessoa? Estou segura?

Refletir sobre essas perguntas nos ajuda a entender melhor as histórias que, às vezes, somos levadas a reproduzir, os laços íntimos que construímos, que nem sempre são para o nosso próprio bem, sem que possamos notar isso. Reserve um tempo para respondê-las e fazer um balanço.

Aproveite a oportunidade para testar seus limites também: Você iria a um museu sozinha? Ou ao cinema? Ou a um restaurante? Experimente, verá que não é tão difícil quanto parece e que é bom ficar sozinha consigo mesma. Supere o constrangimento inicial e perceba que as outras pessoas realmente não estão prestando muita atenção em você, para então aproveitar esses momentos preciosos.

Atividade feita sem mais ninguém	Fácil ou difícil?	Faria novamente?

Investir na socialização

Para evitar ficar sozinha você terá que se forçar a sair. Descobrirá que está bem cercada, pois seus amigos lhe convidaram espontaneamente e com prazer para tomar um drinque, ir ao cinema e a festas. Só que a sucessão de contas do bar e pacotes de pipoca vão prejudicar seu cartão de crédito. Isso é inevitável e, paradoxalmente, benéfico. **Sair, mudar de ares, beber (com moderação) lhe darão o sopro de vida que você tanto precisa no momento**, especialmente se não quiser ficar remoendo as lembranças o dia inteiro.

Dica

A menos que você possa se dar ao luxo de gastar de olhos fechados, tente complementar seu orçamento vendendo roupas que não usa mais ou um móvel que esteja ocupando muito espaço. Aproveite a oportunidade para passar na casa de seus pais e limpar os armários, depois venda seus pertences em sites de venda privados. Você também pode dizer a si mesma que, estando sozinha, economizará dinheiro com a alimentação, com sua conta de água (para chuveiros e lavanderia), assim como com a verba de "presentes para meu parceiro".

Preço de um top revendido: 40 reais = um mojito

Uma bolsa ou mochila em perfeito estado: 80 reais = um aperitivo + um ingresso de cinema + pipoca

Um vestido revendido ou um casaco: 60 reais = um copo de vinho tinto e um prato de frios

Teste da fase final

Você já percorreu um longo caminho nas últimas semanas. Conseguiu elaborar o luto de seu relacionamento anterior, ou quase, porque ainda há uma última etapa. Esse capítulo final só poderá ser acessado depois que você preencher e validar este breve questionário. Se não validá-lo, não é o fim do mundo: você só não está totalmente pronta e ainda tem algumas coisas para digerir. Depois de um pouco de introspecção, veja o que lhe prende e volte para as etapas anteriores. Se for bem-sucedida, poderá considerar que superou essa separação que lhe deu tanto trabalho!

Pegue uma caneta e responda espontaneamente às perguntas a seguir com um sim ou não.

	SIM	NÃO
1 Não choro há duas semanas (exceto assistindo ao filme *O Rei Leão*).	☐	☐
2 Não pensei em meu ex nem por um segundo há vários dias!	☐	☐
3 Posso esbarrar em alguém com o mesmo nome do meu ex sem querer matar a pessoa.	☐	☐
4 Não vejo todo o relacionamento como um fracasso, reconheço os bons momentos.	☐	☐
5 Gosto de cozinhar sozinha e dar a mim mesma pequenos prazeres culinários.	☐	☐
6 Consigo olhar para um pacote de *bacon* (ou qualquer outro alimento símbolo de seu relacionamento anterior) sem quebrar toda a louça ou gritar loucamente no supermercado.	☐	☐
7 Eu faço o mercado com gosto e não presto atenção nos casais se beijando no corredor de frios..	☐	☐

	SIM	NÃO

8 Sinto que tenho mais confiança em mim mesma. ☐ ☐

9 Tenho uma rotina confortável e gosto de meus momentos de solidão.. ☐ ☐

10 Minha casa está arrumada, não há nada largado. ☐ ☐

11 Parei de ter vários casinhos. ☐ ☐

12 Olho para trás e vejo esse antigo relacionamento sem re-morso, talvez com um pouco de nostalgia (cuidado, chorar não é nostalgia: é voltar a ficar deprimida!). ☐ ☐

13 Não comparo mais outros homens com meu ex. ☐ ☐

14 Lembro-me da última vez que dei risada (foi há cinco minutos). ☐ ☐

15 Desenvolvi novos interesses. ☐ ☐

16 Não tenho mais tanta dor física como costumava ter. ☐ ☐

17 Usei uma peça de roupa que meu ex me deu e não tive urticária. ☐ ☐

18 Eu não guardo mais a parte dele da refeição. ☐ ☐

19 Não digito mais o nome dele nas redes sociais ou em ferramentas de busca. ☐ ☐

20 Gosto de me arrumar apenas para me agradar. ☐ ☐

21 Recebi um convite para um casamento (ou uma união civil ou aniversário de casamento) e isso me deixa feliz. ☐ ☐

22 Estou pensando que posso conhecer alguém nesse casamento ou união civil... ☐ ☐

23 Às vezes me pergunto se ele encontrou alguém sem esvaziar meu pacote de lenços de papel. ☐ ☐

24 Às vezes canto canções de amor (só por cantar). ☐ ☐

25 Recuperei meu apetite e gosto de cozinhar para mim ou para meus convidados. ☐ ☐

26 Minhas noites são tranquilas e durmo com paz de espírito. ☐ ☐

27 Depois de todo esse tempo, sinto respeito por meu ex. ☐ ☐

	SIM	NÃO

28 Não penso tanto no passado, não fico remoendo as lembranças, estou pensando no futuro. ☐ ☐

29 Posso dizer que esse rompimento me permitiu aprender sobre mim mesma e sobre os outros e, como resultado, cresci. ☐ ☐

30 Aceito o fato de que às vezes fico triste, sem me envergonhar ou sentir culpa por isso. ☐ ☐

➥ **CONTE O NÚMERO DE VOTOS "SIM":**

Menos de 12 "sim": veja o Caso 1;

Entre 12 e 24 votos "sim": veja o Caso 2;

Mais de 25 votos "sim": consulte o Caso 3 (capítulo "**Aceitação**").

Caso 1: Você não teria feito o teste apenas por curiosidade? Você está na fase de barganha? Você está tão cansada de sofrer que quer ver a luz no fim do túnel um pouco rápido demais? Reúna suas forças e volte atrás. Reserve um tempo para expressar suas emoções, todas elas, antes de fazer o teste novamente. Quando perceber que está se sentindo um pouco mais leve, sem rancor e lágrimas, você pode considerar voltar a esta página.

Caso 2: Você ainda não está totalmente pronta. Você acha que toda a sua energia significa que o término do namoro já passou, mas na verdade está agindo por compensação. Todas essas atividades, encontros, saídas parecem mais uma proteção contra sua tristeza, e essa euforia pode estar escondendo um pouco de depressão, não acha? Você está procurando mil maneiras de existir para preencher o vazio e evitar encarar a verdade: você está com saudades de alguma coisa (bem, de alguém... bem, do seu ex). Você precisa de um pouco mais de tempo. Não se preocupe, nunca conseguimos na primeira tentativa!

Caso 3: Vire a página metafórica e literalmente.

A aceitação
Amadurecer e viver

Caso 3:

Muito bem, você chegou ao fim de uma longa e dolorosa jornada. Você está mais forte, pronta para enfrentar a vida. Juntamente com uma dieta mais equilibrada, você precisa assumir um projeto pessoal, uma atividade que seja só sua: aprender um novo idioma, dominar a técnica do Photoshop, voltar a cantar ou simplesmente escrever um livro... Prefira atividades úteis, que podem, por exemplo, valorizar seu currículo. Esse projeto, do qual você será a única mentora, ativará seu cérebro, liberará qualquer energia negativa restante e permitirá que você se realize por conta própria. Ele só depende de você e lhe ajudará a seguir em frente! Sua confiança será reforçada graças a isso, e ter um espaço próprio permitirá que um futuro relacionamento tenha bases saudáveis. Afinal de contas, não era isso que estava faltando no passado?

A objetividade está de volta ao primeiro plano, você tem uma visão mais equilibrada do seu rompimento, reconhece seus erros, os dele e, acima de tudo, que vocês eram incompatíveis. Você sabe o que quer de seu "namorado ideal" de agora em diante, e também o que ele pode lhe dar. Seus limites estão claros. Você sabe como dizer não. E se esse não for o caso, aproveite esse último estágio para ir mais longe em sua busca por significado. Isso ajudará a definir uma estrutura para suas expectativas. A ideia não é se tornar rígida quando se trata de relacionamentos, mas ser ainda mais livre em relação às suas próprias expectativas e evitar cair nas armadilhas do passado.

No futuro, fique mais atenta aos pequenos sinais que não enganam. Não se deixe levar por uma história em que você faz uma concessão após a outra e perde sua subjetividade. Tome as rédeas de sua vida emocional e, acima de tudo, confie em seus instintos. Todo mundo acaba conhecendo alguém que lhe convém, como você pode ver pelas pessoas ao seu redor... Mas não espere encontrar o eleito de seu coração a cada esquina. **Deixe o destino seguir seu curso, esteja aberta ao mundo e às pessoas que você encontrar.** Talvez até já conheça essa pessoa.

Avaliação de seu bem-estar

Pela última vez, avalie seu nível de bem-estar fazendo um círculo em torno do desenho apropriado:

Em seguida, diga quais são as duas sensações físicas que você sente com mais intensidade:

- _____
- _____

Em seguida, diga quais são as duas emoções mais fortes:

- _____
- _____

Por fim, nomeie os dois pensamentos mais presentes em sua mente:

- _____
- _____

- _____

Em seguida, diga quais são as duas emoções mais fortes:

- _____

- _____

Por fim, nomeie os dois pensamentos mais presentes em sua mente:

- _____

- _____

Pode ser uma boa ideia olhar as avaliações anteriores para refletir sobre as mudanças na maneira como você se sente em relação ao seu corpo e às suas emoções. Veja o quanto você avançou, inclusive com relação aos pensamentos que você tinha em cada estágio superado. Como você se sente ao reler essas anotações?

As anotações. Reflexão e progresso

Faço um convite: volte à lista que esboçou no início do rompimento e observe quantas coisas fez por conta própria, o que descobriu e o que foi surpreendente. Adicione uma pequena estrela ao lado das coisas que você mais apreciou. Comece uma nova lista do que planeja fazer em curto ou médio prazo: visitar uma exposição sozinha, cozinhar uma receita nova e complexa, viajar no fim de semana com uma amiga etc.

O que é o compromisso?

Agora que você está sozinha e realizada, é o momento ideal para estabelecer suas condições. O que significa compromisso para você? Liste o que você quer, o que aceita sob certas condições e o que recusa categoricamente. Da mesma forma, liste o que você concordaria em fazer e os limites que nunca desrespeitaria. Essa lista não será finalizada na primeira tentativa e talvez você tenha de acrescentar elementos conforme for avançando.

O que é necessário	O que é condicional	O que eu recuso categoricamente

Obs.:
Finalmente sozinha!

Faça uma retrospectiva das últimas semanas e **parabenize-se por ter encontrado energia para seguir em frente e superar essa fase dolorosa**. É verdade que houve algumas recaídas, muita preguiça e, às vezes, um excesso de calorias, mas foi tudo por uma boa causa! Como você está se sentindo depois dessa experiência? Você sente sua confiança renovada?

Um dos principais avanços foi conquistar a amizade da solidão. A solidão não é mais um monstro no armário. Pelo contrário, é a parceira de sua liberdade. Sozinha, o mundo pertence a você. Você pode cantar e dançar pela vida, porque não tem nada que a impeça, exceto você mesma. Saber como estar sozinha também significa confiar em si mesma, reconhecer seu sopro interior, aproximar-se de suas paixões, por mais loucas que sejam, e estar em sintonia com a imagem que tem de si mesma e não com a imagem que quer passar para os outros. Solidão não é sinônimo de isolamento. Você percebe que sempre tem pequenas tarefas para fazer, atividades que muitas vezes adia para o dia seguinte, como descongelar a geladeira, costurar um rasgo em um moletom, limpar as janelas; mas também projetos menos triviais, como praticar esportes (de verdade), aprender um idioma (a sério), visitar a Europa ou escalar o Kilimanjaro!

Nessa solidão, **você se dará conta de todas as riquezas que possui e de qual é a sua verdadeira força motriz na vida**. Você já notou o poder destrutivo que às vezes dá ao olhar dos outros, um olhar muitas vezes distorcido de forma negativa em relação a você. Cada um tem sua própria vida para lidar, portanto, não faz sentido esperar que os outros deem sentido à sua quando você é perfeitamente capaz de fazer isso sozinha. As famosas "anotações" que começaram no início deste livro são um reflexo de sua capacidade de se abrir e de descobrir, até mesmo trivialidades.

Mesmo com alguns contratempos, você aprendeu e desenvolveu novas ferramentas para lidar com os grandes e pequenos problemas da vida cotidiana. Você está se sentindo melhor consigo mesma, pronta para conhecer novas pessoas e com a mente aberta. Você chegou ao fim deste caminho.

Parabéns!

Conecte-se conosco:

facebook.com/editoravozes

@editoravozes

@editora_vozes

youtube.com/editoravozes

+55 24 2233-9033

www.vozes.com.br

Conheça nossas lojas:

www.livrariavozes.com.br

Belo Horizonte – Brasília – Campinas – Cuiabá – Curitiba
Fortaleza – Juiz de Fora – Petrópolis – Recife – São Paulo

EDITORA VOZES

VOZES NOBILIS

Vozes de Bolso

Vozes Acadêmica

EDITORA VOZES LTDA.
Rua Frei Luís, 100 – Centro – Cep 25689-900 – Petrópolis, RJ
Tel.: (24) 2233-9000 – E-mail: vendas@vozes.com.br